Prier comme Jésus

Les CARNETS sont édités par :

- Les éditions du CERF. Depuis plus de cinquante ans, le Cerf édite Fêtes & Saisons, le mensuel chrétien « pour être bien dans sa foi »
- NOVALIS, maison d'édition religieuse au Québec

LES CARNETS

Depuis plus de cinquante ans, la revue Fêtes & Saisons, publiée par les Éditions du Cerf, tient une place irremplaçable dans la presse catholique, en France et dans les pays francophones. Véritable encyclopédie de la foi chrétienne, elle s'efforce, dans un langage simple, de rendre accessible à tous le message de Jésus et de ses disciples.
Dans le même esprit, *les Carnets de Fêtes & Saisons* proposent aujourd'hui à un large public des ouvrages faciles d'accès pour approfondir et mieux vivre la foi chrétienne.

Dans la même collection

n° 1. Les adolescents et la foi
n° 2. Le mal et la souffrance
n° 3. Astrologie et foi chrétienne
n° 4. Quarante mots clés pour entrer dans la Bible
n° 5. Porter la communion aux malades
n° 6. Dieu existe-t-il ?
n° 7. Découvrir l'apôtre Paul
n° 8. Une famille juive au temps de Jésus
n°10. Les miracles dans les évangiles
n°11. Guide du Catholique
n°12. Les débuts de l'Église

L'essentiel du texte de cet ouvrage a été publié dans le n°456 de Fêtes & Saisons.

Gérard Bessière

Prier comme Jésus

LES CARNETS

FÊTES & SAISONS

ISBN : 2-204-05046-6 (Cerf)
ISBN : 2-89088-689-1 (Novalis)

Avant-propos

« Vous n'avez pas peur de prier? ». Surpris par la question, les participants à la journée de prière crurent que le bon père bénédictin plaisantait. Comment pourrait-elle faire peur? La prière est un bonheur; respiration de la vie chrétienne, elle est indispensable. Avec un sourire malicieux, le moine reprit: « Je vous assure, la prière est dangereuse, doublement dangereuse même ». Il expliqua et personne n'oublia la leçon.

Comme toute activité humaine, la prière est à "évangéliser". Elle, qui est censée rapprocher de Dieu, peut en éloigner lorsqu'elle se transforme en bavardage avec soi-même, lorsqu'elle est évasion: « Seigneur, je te remercie de n'être pas comme le reste des hommes... » Les mises en garde contre une prière formelle ou magique sont multiples dans la Bible. Le premier danger est qu'une prière peut rester païenne ou faire des dégâts.

La prière est aussi dangereuse, mais dans un sens positif cette fois, car elle est exigeante et transforme celui qui prie. Elle conduit là où, spontanément, l'on refuse d'aller, c'est-à-dire vers l'amour et le service des autres. « C'est l'amour que je veux et non les sacrifices... », « Il ne suffit pas de dire Seigneur, Seigneur... ». La prière est risquée car elle oblige à changer de route pour aller vers les frères.

La prière chrétienne n'est pas n'importe quelle prière. Regarder comment Jésus priait, ce qu'il a dit sur la prière, ce que la prière a produit dans sa vie et autour de lui, reste encore la meilleure école: « Seigneur, apprends-nous à prier... »

Marc Sevin

Ce que vous trouverez dans ce Carnet

Regarder

Prier est un exercice dangereux. Il est si facile de se tromper ou de s'évader dans la prière. Il faut vérifier l'originalité de la prière "chrétienne".

• Jésus n'a pas hésité à dénoncer la prière, quand elle jaillit de l'orgueil du pharisien. On prend des risques majeurs dans la prière: celui de s'isoler des autres hommes, celui de se tromper sur Dieu, celui de gâcher sa vie. *Voir pages 9-14 : La prière et ses dangers.*

Comprendre

Les paroles de Jésus, lorsqu'il priait, et particulièrement l'invocation "Abba, Papa" nous font comprendre l'originalité de la prière de Jésus.

• Les évangiles nous disent où, quand, comment Jésus priait. On perçoit que Jésus a innové par rapport aux manières de faire de son temps. *Voir pages 17-24 : Lorsque Jésus priait.*

• On peut penser que Jésus priait souvent sans mots, uni silencieusement à Celui qu'il appelait son Père. On sait qu'il puisait dans le riche recueil des Psaumes. Les évangiles rapportent aussi des prières improvisées par Jésus. Ils nous révèlent que Jésus appelait Dieu : «Abba», c'est-à-dire du nom familier de «papa». Il a donné le «Notre Père» à ses disciples. *Voir pages 27-32 : La prière de Jésus à son Père.*

Agir

Jésus lui-même nous oriente en nous invitant à prier sans cesse, sans se décourager. La prière remercie, rend grâces, dit la louange. Prier et agir, deux faces de la même attitude chrétienne.

• Pour guider leur prière communautaire, les chrétiens ont repris et adapté à la situation nouvelle créée par Pâques les orientations et les conseils donnés par Jésus au cours de sa prédication. *Voir pages 39-48 : Ce que Jésus disait sur la prière.*

• Nous voulons prier à la suite de Jésus. La prière chrétienne est originale. Elle n'est pas la prière musulmane ou la méditation bouddhiste. Les chrétiens ont à redécouvrir les trésors de la prière chrétienne. *Voir pages 51-57 : Prier à l'école de Jésus.*

La prière et ses dangers

Il y a une parabole qui fait peur. C'est celle du pharisien et du publicain. On la croit rassurante parce qu'on se range du côté du publicain, non du pharisien!

En réalité, pour qui s'essaie à prier, cette parabole de Jésus effraie. Car elle montre qu'il est dangereux de prier. On y prend des risques majeurs: celui de s'isoler des autres hommes, celui de se tromper sur Dieu, celui de gâcher sa vie.

La parabole du pharisien et du publicain est une parabole de combat. Jésus dénonce ce qui tue en l'homme la véritable vie. Il a l'audace de déclarer: la prière peut séparer de Dieu. Il attaque la piété officielle. En quelques mots, il culbute la religion. Aujourd'hui encore, la force subversive de ces mots est intacte. Il faut y regarder de plus près, si nous voulons tenter cette grande aventure: prier, non pas d'une manière vague, mais dans le style précis inauguré par Jésus.

La prière du pharisien

« Deux hommes montèrent au Temple pour prier. L'un était pharisien, et l'autre publicain. Le pharisien priait en lui-même: "Mon Dieu je te rends grâce parce que je ne suis pas comme les autres hommes: voleurs, injustes, adultères ou encore comme ce publicain. Je jeûne deux fois par semaine et je verse le dixième de tout ce que je gagne" ». L'homme avait grande allure. Il faisait partie des pharisiens : cette société d'homme pieux était très exigeante pour ses membres. Ils étaient des modèles pour les juifs du temps. C'étaient des justes.

Pourquoi la prière du pharisien sera-t-elle finalement refusée ? Aurait-il oublié quelque faute ? La parabole ne le donne nullement à entendre. Pas plus qu'elle n'insinue que le publicain était meilleur qu'il ne disait. Les données sont claires : le pharisien était un pur, un vrai, et le publicain, un de ces hommes véreux, dont on pensait qu'ils ne pouvaient même pas faire pénitence, car il leur était impossible de connaître et de dédommager tous ceux qu'ils avaient lésés... Ce ne sont pas des bilans de moralité que Jésus confronte, mais deux attitudes.

Sans le savoir, le pharisien refuse Dieu...

L'un savait prier, et l'autre ne savait guère. Le pharisien avait une longue expérience de l'accès à Dieu. On lui avait appris. Il savait - ce que nous ignorons si souvent - que toute prière doit commencer par l'action de grâces. Faut-il le taxer d'orgueil et de prétention, alors qu'il remercie Dieu d'être un honnête homme et qu'il lui présente l'offrande de sa vie ? Ce serait trop facile, et nous serions encore sur le terrain de la morale.

Dans l'homme qui semblait un modèle de santé religieuse, Jésus diagnostique le mal le plus irrémédiable : le pharisien est séparé de Dieu. Pourtant cet homme intègre et généreux disait: « Mon Dieu, je te rends grâces »... Serait-ce une malchance ou une faute inavouable que d'avoir refusé le vol, l'injustice, l'adultère, et d'avoir cultivé la maîtrise de soi et la générosité ? Alors, pourquoi cet homme n'est-il pas redescendu chez lui "justifié" ? Pourquoi sa prière en a-t-elle fait un homme perdu, un mort, aux yeux de Jésus ? Parce qu'elle l'a enfermé en lui-même.

Le pharisien remercie Dieu d'être un bon pharisien. Il a posé son existence, face à Dieu, face aux hommes. Il ne sait plus que l'homme a toujours à naître de la bonté de Dieu. Ce n'est pas pour rien qu'après cette parabole, Luc nous rapporte la parole de Jésus : « Quiconque n'accueille pas le Royaume de Dieu en petit enfant n'y entrera pas » (Luc 18,17).

Le pharisien est un homme installé à son compte dans les affaires de Dieu. Il rend grâces pour son existence droite, et il ignore qu'il a toujours à recevoir sa vie, dans une pauvreté radicale, de la grâce gratuite et gracieuse de Dieu. Le pharisien ne veut plus naître, il ne sait plus qu'il a chaque jour à tout accueillir de Dieu comme un enfant. Dieu n'est plus pour lui la source incroyable où coule, on ne sait pourquoi, l'eau vive qui toujours nous ranime. Dieu n'est pas, pour lui, Celui qui surgit avec le visage de la tendresse là où l'on attend celui de la justice. Dieu ne le surprend plus. Le pharisien ne parle que de lui en parlant à Dieu. Sans le savoir, il refuse Dieu.

...parce qu'il s'est isolé des autres hommes

Et pour se mettre du côté de Dieu, il s'est "séparé". Il n'est pas comme le reste des hommes, en particulier comme ce publicain qui semble arriver juste à point pour fournir un terme de comparaison. Sa prière déclare cette distance.

Face aux hommes aussi, le pharisien est installé à son compte. Il n'a pas besoin d'eux. Il n'a plus à recevoir. Il a laissé derrière lui les hommes du commun. Il refuse l'humanité.

Oui ! danger mortel de la prière : elle peut emmurer en lui-même celui qui croit s'adresser à Dieu, elle peut bafouer Celui qu'elle croit louer, elle peut piétiner la solidarité élémentaire des hommes.

La prière

Mais alors, si la prière est à ce point dangereuse, si elle risque de s'enliser dans un narcissisme qui s'ignore, ne vaudrait-il pas mieux se contenter de vivre sans s'y aventurer ?

Prier, c'est se mettre à jamais en pèlerinage, c'est souvent lever le camp, sortir, partir à nouveau comme Abraham, Moïse, Jésus.

Et si l'on tentait de donner à la parabole un aboutissement heureux ? On pourrait écrire par exemple : « Le pharisien eut un frisson soudain, et se prosterna la face contre terre en disant : "Seigneur, aie pitié du pharisien que je suis. Ah ! je suis bien comme les autres hommes qui sont si aveugles à regarder vers toi et à regarder leurs frères. Seigneur que je connais si peu, enlève la poutre de mon œil". Puis le pharisien se releva et descendit au fond du Temple, à côté du publicain, pour partager son silence et sa prière ».

La trajectoire de la prière, toujours à refaire, est cette courte distance du pharisien au publicain. Il suffit de quelques pas intérieurs, il suffit de se retourner, il suffit de modifier son regard. Mais c'est déjà transformer sa façon de vivre et changer sa manière de voir Dieu.

Loin des autres, loin de Dieu

Le pharisien de la parabole, c'est nous. Que de manières de s'isoler, et de regarder de loin le reste des hommes. Celui qui se met à distance des hommes est déjà loin de Dieu. Prier, c'est d'abord recevoir en soi tout le monde, s'avancer vers Dieu avec tous, se mettre "dans l'axe de la misère". Que serait la prière de quelqu'un qui oublierait tant de drames sanglants par le monde, tant d'injustices et de souffrances à côté de nous, tant de grandeur, de fragilité et de misère dans notre humanité ? Est-il possible de prier sans entendre sans cesse la voix de Jésus : « J'ai eu faim, j'ai eu soif, j'étais prisonnier, mal vêtu... » ?

Prier, c'est d'abord être avec tous. Dieu habite la foule. La prière nous arrache à tous nos conforts, elle nous fait sortir de nous. Prier, c'est souvent peiner pour changer l'humanité, autour de nous et en nous.

Loin de Dieu, loin des autres

Car la manière dont l'homme traite l'homme atteint Dieu, et la manière dont l'homme traite Dieu atteint l'homme. Jean-Claude Renard peut l'écrire : « Détruire le dieu détruit l'homme et tuer l'homme tue le dieu » (J.-Cl. Renard, Le dieu de nuit, Seuil, 1974, p. 77). Le pharisien, établi loin des hommes, dressait devant lui l'image d'un Dieu qui lui ressemblait; il ne sortait pas de lui-même.

Quel Dieu nous donnons-nous lorsque nous prions ? Quel Dieu présentent aujourd'hui nos assemblées chrétiennes, la parole et la pratique de nos Églises? Il n'est pas facile de répondre, mais n'oublions jamais le mot terrible de Proudhon: « J'ai cessé de croire en Dieu le jour où j'ai rencontré un homme meilleur que lui ».

Prendre le sentier de la prière, c'est percevoir que Dieu est autre que l'image de Lui qui nous est offerte, que nous sécrétons nous-mêmes. Prier, c'est consentir à la mort du dieu que nous avions habillé de notre image.

La prière est une aventure de mort et de vie

La prière est un combat. Si l'homme tente d'y maîtriser Dieu, de lui faire subtilement violence, de le ramener à lui: il y tue Dieu et il y tue son humanité. Ou bien c'est l'homme qui accepte en quelque sorte de mourir, pour se prêter à l'invasion des hommes, à l'invasion de Dieu. Sans cela, nous ne pouvons ni voir Dieu ni aimer les hommes. Le combat de Jacob avec l'ange est toujours actuel. La prière est cette aventure de mort et de vie.

Jésus, en racontant la parabole du pharisien et du publicain a semé l'alarme. Prier peut être trompeur. Et lui, comment priait-il?

Mon Père, je m'abandonne à Toi.
Fais de moi ce qu'il Te plaira.
Quoi que Tu fasses de moi,
je Te remercie.
Je suis prêt à tout, j'accepte tout.

Pourvu que Ta volonté se fasse en moi
et en toutes Tes créatures,
je ne désire rien d'autre, mon Dieu.

Je remets mon âme entre Tes mains.
Je te la donne, mon Dieu,
avec tout l'amour de mon coeur,
parce que je T'aime
et que ce m'est un besoin d'amour
de me donner,
de me remettre entre Tes mains sans mesure
avec une infinie confiance,
car Tu es mon Père.

Prière du Père de Foucauld

Lorsque Jésus priait

Est-il possible, à travers les évangiles, d'apercevoir Jésus en train de prier, d'avoir des échos des paroles qu'il prononçait devant Dieu, de savoir les orientations profondes de sa démarche ? L'enquête montrera que Jésus a innové par rapport aux manières de faire de son temps.

Il faut d'abord poser aux évangiles des questions très simples: où, quand, comment Jésus priait-il?

Où Jésus priait-il ?

Jésus était juif. Il a prié au Temple de Jérusalem vers lequel les juifs montaient en pèlerinage trois fois par an : pour les grandes fêtes (Pâques, Pentecôte et fête des Cabanes). Les psaumes dits "des montées" (psaumes 120 à 134) accompagnaient la marche. Il a prié aussi à la synagogue de Nazareth où l'on se rassemblait le jour du sabbat pour la prière, la lecture de la Loi et son explication. Il a dû prier aussi, comme on le faisait alors, dans la rue, sur la terrasse de la maison ou dans une pièce, en se tournant vers le Temple de Jérusalem.

À lire les évangiles, quelles que soient leurs différences sur le nombre des voyages de Jésus à Jérusalem, il est certain qu'il s'est rendu à la ville sainte, qu'il a été au

Temple et qu'il a prié en ce lieu qui était, depuis des siècles, le lieu saint d'Israël, vers lequel les nations devaient un jour converger.

Reste que les évangiles ne parlent pas de la prière de Jésus au Temple ou à la synagogue. Les Actes des Apôtres précisent: « Pierre et Jean montaient un jour au Temple pour la prière du milieu de l'après-midi » (3,1). Pour Jésus, on conclut de la pratique générale de l'époque, qu'il pria au Temple ou à la synagogue, mais ce n'est jamais affirmé explicitement dans les évangiles. Manifestement, ils veulent insister sur une différence et une nouveauté.

Jésus, Temple de Dieu

On découvre cette nouveauté à travers des constatations étonnantes, négatives et positives. Négatives: jamais les évangélistes ne parlent de la liturgie du Temple et de son déroulement fastueux. Jésus est dans le Temple, mais il semble que rien ne se passe. On croirait que tout se résume à la présence de Jésus, que le Temple est là pour lui et non l'inverse, que le lieu sacré est une occasion pour rencontrer les gens, se faire entendre, annoncer la nouvelle de vie qu'il apporte.

Un épisode brutal va révéler l'attitude de Jésus par rapport au Temple, ce lieu par excellence de la prière juive. Jean le raconte avec précision. Jésus fit un fouet avec des cordes, il chassa les bœufs, brebis et négociants, il renversa les tables des changeurs. Ce n'était pas seulement pour protester contre les gains abusifs des "marchands du Temple". Car les bêtes étaient nécessaires pour les sacrifices, et les changeurs étaient indispensables pour les juifs qui arrivaient de l'étranger, car il fallait de l'argent juif pour acheter les animaux à offrir. En réalité, c'était le culte, le Temple lui-même, et aussi les prérogatives du clergé et de la ville, que Jésus renversait. Il s'en explique d'ailleurs, quand on lui demande: « Quel signe nous montreras-tu pour agir de la sorte? - Détruisez ce Temple et, en trois jours, je le relèverai ». Depuis six siècles, on aspirait à la reconstruction du Temple détruit, depuis quarante-six ans elle était en cours, et lui voulait en édifier un en trois jours ? « Mais lui parlait du Temple de son corps ». En clair, les sacrifices étaient abolis, le véritable Temple, le lieu de la vraie rencontre avec Dieu, c'était lui, Jésus, sa personne, son message.

Un nouveau "lieu" de prière

Une autre indication est donnée lors de la clôture de la fête des Cabanes. Durant ces huit jours festifs, à l'époque des vendanges, on célébrait Dieu pour ses interventions durant l'Exode et pour les récoltes de l'année, dans l'attente des bénédictions qui accompagneraient l'ère messianique. Jésus, le "dernier jour" qui est aussi le plus solennel, se mit à proclamer : « Si quelqu'un a soif, qu'il vienne à moi et qu'il boive, celui qui croit en moi. Comme l'a dit l'Écriture: « De son sein couleront des fleuves d'eau vive » (Jean 7, 37-38). Jésus, à travers cette citation, fait allusion à une vision d'Ezéchiel (6e siècle avant notre ère). Le prophète voyait une source jaillir du Temple et l'eau qui s'écoulait. Jésus,une fois encore, se présente donc comme le Temple où la source d'eau vive répand son eau en abondance. Plus loin (Jean 10), Jésus se présentera comme la "porte". Toutes ces images, tous ces symboles convergent pour signifier fortement que le Temple, le lieu où l'on peut aller vers Dieu dans la prière, c'est Jésus.

Luc, dans son évangile, fait un lien très fort entre l'ultime montée de Jésus vers Jérusalem et la montée au Temple (chapitres 17-19), entre le Temple lui-même et l'attente de la Passion (19,47).

Enfin, quand Jésus se rend à la synagogue, il en devient le centre, particulièrement le jour où il lit l'oracle d'Isaïe (61,1-2). Il prononce les paroles du prophète:

> « L'Esprit du Seigneur est sur moi
> parce qu'il m'a consacré par l'onction;
> il m'a envoyé porter la bonne nouvelle aux pauvres,
> annoncer aux captifs la délivrance,
> aux aveugles le retour à la vue,
> libérer les opprimés
> et publier l'année favorable du Seigneur »
> (Luc 4,18-19).

Luc ajoute, laconique: « Il roula le livre, le rendit au servant et s'assit. Tous dans la synagogue, avaient les yeux fixés sur lui. Aujourd'hui cette parole s'est accomplie pour vous qui venez de l'entendre » (Luc 4,20-21). Là aussi, tout se résume à Jésus et à l'aujourd'hui neuf dont il est la lumière.

Jésus utilise donc les lieux de la prière juive pour les faire littéralement éclater. Quand la samaritaine lui rappelle la vieille rivalité entre le Temple de Jérusalem et celui du mont Garizim, Jésus volatilise ces disputes de localisation :

« L'heure vient - et maintenant elle est là - où les vrais adorateurs adoreront le Père en Esprit et en vérité »... Les évangiles montrent clairement que Jésus a opéré un déplacement : l'important n'est plus l'extérieur, mais l'intérieur.

Une prière "à l'écart"

Les évangiles montrent souvent Jésus priant "à l'écart". Une des nouveautés du comportement de Jésus dans la prière est ce retrait vers quelque endroit solitaire.

« Au matin, à la nuit noire, Jésus se leva, sortit et s'en alla dans un lieu désert: là, il priait » (Marc 1,35; Luc, 4,42). La veille, il multipliait les guérisons. Avec le jour, la foule allait de nouveau partir à sa recherche. Lui avait plongé quelques heures dans la solitude et le silence. Un autre jour, après la multiplication des pains, après avoir renvoyé la foule, « il partit dans la montagne pour prier » (Marc 6,46).

Jésus fréquentait-il désert et montagne parce que ce sont des lieux où l'homme se dépouille et s'ouvre à plus grand que lui? Sans doute. Mais il lui suffisait, semble-t-il, de s'écarter, de prendre quelque distance, d'entrer dans la solitude. Au jardin des Oliviers, à l'approche de sa passion, il s'éloigna de ses disciples « à peu près de la distance d'un jet de pierre » (Luc 22,41).

Loin de toute ostentation, loin des édifices du culte, Jésus, par son exemple, ouvre la nouvelle voie vers Dieu. L'originalité de sa prière est déjà apparente dans les lieux qu'il conteste ou privilégie: c'est lui le nouveau Temple, dans l'union solitaire avec le Père.

Quand Jésus priait-il?

Sans doute observait-il les prescriptions qui organisaient la prière juive à son époque : récitation du "Shema Israël" (*Écoute Israël*), matin et soir, et des Dix-huit bénédictions à trois heures de l'après-midi, prières à l'occasion des repas, du sabbat, des fêtes, des jeûnes, des grands événements. Après la Cène du Jeudi Saint, les psaumes de la fin du repas pascal furent "chantés" (Marc 14,26). Mais il faut bien constater que les évangiles ne montrent guère Jésus en train de participer aux prières requises. Ils s'attachent plutôt à signaler que Jésus décidait lui-même de prier. C'est sa spontanéité qui est soulignée.

On le voit prononcer la bénédiction, selon la coutume, sur les pains et les poissons qu'il multiplie, sur le pain et le vin lors de la Cène. Mais on le voit aussi bénir les enfants, bénir les disciples en se séparant d'eux lors de l'Ascension. Il prie après avoir accompli des miracles et des guérisons. En accueillant les disciples qui reviennent, tout heureux, de leur première mission, « il exulta sous l'action de l'Esprit Saint et dit: "Je te loue, Père, Seigneur du ciel et de la terre, d'avoir caché cela aux sages et aux intelligents et de l'avoir révélé aux tout petits" » (Luc 10,21). Il rend grâces au Père avant la résurrection de Lazare (Jean 11,41), et lorsque des Grecs demandent à le voir, il dit: « Père, glorifie ton Nom » (Jean 12,28).

Au moment des grandes décisions

Les évangélistes signalent tout particulièrement la prière de Jésus lors des grands événements qui jalonnent sa mission. Lors de son baptême, « le ciel s'ouvrit et l'Esprit Saint descendit sur lui », alors qu'« il était en prière » (Luc 3,21). Avant de désigner les douze apôtres, « il passa toute la nuit à prier Dieu» (Luc 6,12). Le jour où il demanda aux disciples : « Qui suis-je, au dire de la foule ? », avant de recueillir la confession de foi de Pierre, « il était en prière à l'écart » (Luc 9,18). Dans l'évangile de Jean (ch. 17), Jésus prie longuement pendant la dernière Cène. Avant la passion, il passait la nuit en prière au jardin des Oliviers (Luc 21,37). Lors de son agonie à Gethsémani, « il se jeta la face contre terre et il priait » (Matthieu 28,39). Enfin, sur la croix, il implore le pardon pour ses ennemis: « Père, pardonne-leur » (Luc 23,34).

L'insistance des évangiles est claire. Jésus prie selon le rythme profond de son existence, sa prière accompagne ses actes, elle illumine ses grandes décisions. Aucun formalisme, aucune observance mécanique de prescriptions. Les évangiles veulent montrer que Jésus va vers son Père à travers les événements qui jalonnent sa vie et qui accomplissent sa mission.

Comment Jésus priait-il?

Ses compatriotes s'inclinaient, s'agenouillaient, se prosternaient, élevaient les mains vers le ciel. Toute une variété d'attitudes rituelles accompagnait la prière. Les évangiles précisent parfois l'attitude de Jésus. A Gethsémani, « il se prosterna sur le sol », note Marc, cependant que Matthieu ajoute: « la face contre terre » et que Luc écrit: « il s'agenouilla ». En d'autres endroits, il est précisé que Jésus bénit les enfants et leur impose les mains. À plusieurs reprises, alors qu'il va accomplir un miracle, ou lors de la prière sacerdotale, Jésus « leva les yeux vers le ciel ».

Les évangiles ne pouvaient pas décrire l'attitude de Jésus quand il était "seul". Il est clair, là aussi, que leur attention va, au-delà des apparences extérieures, vers le sens profond de sa démarche.

La prière neuve de Jésus

En posant aux évangiles les trois questions: où, quand et comment priait Jésus ?, on constate qu'il fait jaillir la prière de l'intérieur de l'homme, bien au-delà de l'obéissance formaliste aux prescriptions concernant les lieux, les horaires, les attitudes. Il l'exprimera lui-même: « Quand vous priez, ne soyez pas comme les hypocrites qui aiment faire leurs prières debout dans les synagogues et les carrefours, afin d'être vus des hommes. En vérité, je vous le déclare : ils ont reçu leur récompense. Pour toi, quand tu veux prier, entre dans ta chambre la plus retirée, verrouille ta porte et adresse ta prière à ton Père qui est là, dans le secret. Et ton Père, qui voit dans le secret, te le rendra. Quand vous priez, ne rabâchez pas comme les païens; ils s'imaginent que c'est à force de paroles qu'ils se feront exaucer » (Matthieu 6,5-7).

Les évangélistes expriment la foi des premiers chrétiens. Pour eux, Jésus est le nouveau Temple. La prière qui rythmait l'existence juive en rappelant les hauts faits divins du passé accompagne maintenant les grands actes de Jésus qui ouvrent l'Alliance nouvelle. Concentrée sur la personne de Jésus, intériorisée, la prière chrétienne va accueillir le nouveau visage de Dieu, de Celui qu'il appelle "Abba".

« Notre Père
qui es dans les cieux
que soit sanctifié ton Nom,
que vienne ton Règne,
que soit faite ta volonté
comme au ciel aussi sur terre.
Notre pain quotidien,
donne-le nous aujourd'hui,
et remets-nous nos dettes
comme nous aussi avons remis
à nos débiteurs.
Et ne nous introduis pas en tentation
mais délivre-nous du Malin.»

Le «Notre Père»
en Matthieu 6,9-13

*

« Quand vous priez, dites:
Père,
que soit sanctifié ton Nom,
que vienne ton Règne.
Notre pain quotidien,
donne-le nous chaque jour,
et remets-nous nos péchés,
car nous-mêmes aussi remettons
à tout homme qui nous doit.
Et ne nous introduis pas en tentation .»

Le «Notre Père»
en Luc 11,1-4

La prière de Jésus à son Père

On aimerait savoir ce que Jésus disait à Dieu dans sa prière, mais il était seul et nul ne pouvait entendre son murmure. Sans doute peut-on penser qu'il priait souvent sans mots, uni silencieusement à Celui qu'il appelait son Père.

On sait cependant qu'il puisait dans le riche recueil des Psaumes. Marc et Matthieu le précisent à la suite du récit de la Cène: « après avoir chanté les psaumes, ils sortirent pour aller au mont des Oliviers » (Marc 14,26; Matthieu 26,30). C'étaient les psaumes 115 à 118, avec lesquels on rendait grâces après le repas pascal. Sur la croix, c'est le psaume 22 qui monte à ses lèvres: « Mon Dieu, mon Dieu, pourquoi m'as-tu abandonné? » (Psaume 22,2).

Mais les évangiles rapportent aussi des prières improvisées par Jésus, par exemple son action de grâces jubilante lorsque les soixante-douze disciples revinrent joyeux de leur première mission. Jésus « exulta sous l'action de l'Esprit: "Je te loue, Père, Seigneur du ciel et de la terre, d'avoir caché cela aux sages et aux intelligents et de l'avoir révélé aux tout petits. Oui, Père, c'est ainsi que tu en as disposé dans ta bienveillance. Tout m'a été remis par le Père, et nul ne connaît le Fils si ce n'est le Père, ni qui est le Père si ce n'est le Fils et celui à qui le Fils veut bien le révéler" » (Luc 10,21-22).

"Abba"

Particulièrement précieux et révélateur est le récit de l'agonie au jardin des Oliviers par Marc. Jésus priait, prosterné par terre pour que l'heure de la Passion s'éloigne de lui: « Abba, Père, à toi tout est possible, écarte de moi cette coupe! Pourtant, non pas ce que je veux, mais ce que tu veux! » Le mot araméen "Abba" est celui qui vient à la bouche des enfants. Il est l'équivalent de "Papa" en français. Ces deux syllabes naissent dans les premiers balbutiements de la tendresse. Elles seules suffiraient à révéler l'attitude de Jésus devant Dieu et l'originalité de sa prière. Jamais la prière juive n'utilise ce vocatif si familier. La prière juive officielle aimait les formules assez solennelles, telles que "Seigneur", ou "Roi" ou "Roi des cieux". A la synagogue, on disait à Dieu "Notre Père", mais jamais "Abba".

Cette appellation littéralement inouïe, créée par Jésus, demeurera dans les communautés fondées par Paul dans le monde grec. On en trouve l'attestation dans deux lettres de l'Apôtre: « Dieu a envoyé dans nos cœurs l'Esprit de son Fils qui crie "Abba! Père" » (Galates 4,6); vous n'avez pas reçu un Esprit qui vous rende esclaves et vous ramène à la peur, mais un Esprit qui fait de vous des fils adoptifs et par lequel nous crions "Abba, Père". Cet Esprit lui-même atteste à notre esprit que nous sommes enfants de Dieu » (Romains 8,15-16).

La prière d'un enfant

Ce seul mot "Abba" fait éclore une attitude neuve vis-à-vis de Dieu. Dieu lui-même n'est plus celui du passé: une connaissance et une expérience commencent. L'homme lui-même prend une autre stature s'il peut s'adresser à Celui qu'on n'osait plus nommer avec ce vocable de douce enfance et se considérer comme "enfant" de Dieu. On comprend que Jésus ne se soit pas soucié de techniques de prière, des lieux, des moments et des rituels, puisqu'il invite à la liberté filiale. N'avait-il pas comparé la prière à la relation père et enfant, lorsqu'il disait: « Demandez, on vous donnera; cherchez, vous trouverez; frappez, on vous ouvrira. Quel père, parmi vous, si son fils lui demande un poisson, lui donnera un serpent, au lieu du poisson? ou encore, s'il demande un œuf, lui donnera-t-il un scorpion? Si donc vous, qui êtes mauvais, savez donner de bonnes choses à vos enfants, combien plus le Père céleste donnera-t-il l'Esprit Saint à ceux qui le lui demandent ».

Le "Notre Père"

Plus largement, Jésus invite à recevoir le Royaume de Dieu « comme un enfant » (Marc 10,15). Ce lien entre le Royaume et l'attitude filiale apparaît avec force dans la prière brève et sobre que Jésus donne à ses disciples le jour où ils lui demandent: « apprends-nous à prier ». Matthieu (6,9-13) et Luc (11,2-4) présentent deux textes différents, celui de Luc étant plus court. Quelles furent les paroles de Jésus lui-même, avant que deux traditions, en des contextes divers, les modifient légèrement? Les exégètes pensent que le Notre Père prononcé par Jésus peut être reconstitué approximativement comme suit:

Abba!
Que ton nom soit saint,

que ton royaume vienne;
notre pain pour demain, donne-le nous aujourd'hui,
pardonne-nous nos dettes comme nous pardonnons à nos débiteurs;
et ne nous laisse pas tomber loin de toi.

Pourquoi Matthieu a-t-il écrit « Notre Père », alors que Luc écrit « Père » ? Peut-être a-t-il voulu rappeler que tous les enfants de Dieu sont frères, parce qu'ils n'ont qu'un seul Père qui est dans les cieux. "Notre" lierait étroitement le sens filial et le sens communautaire.

Pourquoi a-t-il ajouté « qui es aux cieux » ? Il adressait son évangile à des juifs devenus chrétiens: craignait-il que ces hommes ne soient choqués par une invocation trop familière ou voulait-il rapprocher la prière chrétienne des formules juives ? On ne sait pas avec certitude. Peut-être voulait-il audacieusement faire percevoir la nouveauté bouleversante: appeler "Père" le Dieu qui règne au plus haut des cieux !

Des formules mobilisatrices

Les demandes qui suivent (deux chez Luc, trois chez Matthieu), sont orientées vers les accomplissements: que Dieu soit reconnu pour lui-même, que son Règne inauguré par Jésus s'épanouisse, que sa volonté soit réalisée. Ces formules ne sont pas seulement l'expression d'une attente passive, elles sont mobilisatrices. Ceux qui formulent ces souhaits doivent travailler à faire advenir ce que Dieu donne.

Les trois demandes qui suivent concernent la nourriture au jour le jour, le pardon qui tisse la paix entre Dieu et les hommes, la libération du mal. L'adjectif qui accompagne le mot "pain" est rare et difficile à traduire. Il peut signifier: du jour qui vient, d'aujourd'hui, ou nécessaire à la subsistance. Ce qui paraît certain, c'est que Jésus invite à demander la nourriture au jour le jour, à la manière dont les Hébreux au désert recevaient quotidiennement la manne (Exode 16,4). Luc, qui donne beaucoup d'importance à la pauvreté dans son évangile, ajoute l'expression: "chaque jour". Ce pain, comme la manne que l'on ne pouvait pas conserver, sera facilement partagé entre ceux dont le Père a fait des frères. C'est aussi dans la contagion de la miséricorde du Père que les disciples sauront échanger le pardon et l'étendre à tous.

Quant à la dernière requête, - « ne nous soumets pas à la tentation » - elle a été très discutée car elle semble supposer que Dieu pourrait prendre l'initiative d'exposer l'homme à la tentation périlleuse. Dans l'Ancien Testament, il était dit parfois que Dieu soumettait à l'épreuve, par exemple Abraham, ou tout le peuple. Dans le Nouveau Testament, il n'est jamais écrit que Dieu tente, et l'épître de Jacques (1, 13) affirme: « Que nul, quand il est tenté, ne dise: "Ma tentation vient de Dieu. Car Dieu ne peut être tenté de faire le mal et ne tente personne" ». La formule araméenne est susceptible de plusieurs traductions. On peut opter pour: « ne nous laisse pas entrer dans la tentation », « fais que nous n'entrions pas dans la tentation ». De quelle "tentation" s'agit-il? Primitivement, le terme vise la grande épreuve que l'on attend et redoute, lors d'une fin des temps que l'on considère proche. Ensuite, le mot a pu être appliqué à toutes les circonstances où les chrétiens risquent d'abandonner le chemin de Jésus, et particulièrement à l'apostasie. Matthieu seul écrit enfin: « Délivre-nous du mal », que l'on peut traduire aussi: « Délivre-nous du Malin », ou du « Tentateur ».

Citoyens du Royaume de Dieu

D'un bout à l'autre de cette prière si sobre, c'est toujours le Royaume de Dieu qui est appelé: c'est le Royaume du Père où les hommes, en Jésus, sont fils et frères, où le pain sera reçu comme un don et partagé, où le pardon accueilli de Dieu sera vécu entre tous, où l'on sera libéré du mal. Quelques mots suffisent pour indiquer l'impact économique, social et religieux de l'entrée dans le Royaume. Tout est dit en quelques mots brefs. La "prière-modèle", indéfiniment reprise au long des siècles, contient toute l'originalité de la prière chrétienne: nous prions ensemble, en fils qui se tiennent debout devant leur Père, en citoyens d'un Royaume qui change toute la vie.

Le babil enfantin
et la transcendance

Le mot "Abba", dans la bouche de Jésus, traduit une émotion neuve, liée à sa relation unique avec le Père. En lui, chante son être filial. Tout est dit dans ce mot. Le cri du petit enfant déchire ici le Nom divin: il le dévoile; il le fait apparaître dans la plénitude de son mystère. La vérité sort de la bouche des tout-petits. Ce terme, emprunté au babil enfantin, dit la vérité du Nom; il en est la lumière.

Et, en même temps, il dit la vérité du Règne. Car dire le Nom, c'est s'ouvrir au Règne qui vient. « Si vous ne devenez pas comme de petits enfants, dit Jésus, vous n'entrerez pas dans le Royaume des cieux » (Matthieu 18,3). Seuls, les petits enfants peuvent dire "Abba". Seuls, ils osent dire le Nom. Et oser le dire, c'est entrer dans le jour intérieur du Règne; c'est faire connaissance avec la proximité de Dieu, dont jouit le Fils, le tout-petit du Père..

En disant aux disciples: « Quand vous priez, dites: Abba!...», Jésus leur donne le mot de passe qui leur permet d'entrer dans le Royaume où l'enfant est roi. Apprendre à dire "Abba!" à Dieu, comme le Fils, sera toujours l'essentiel de la conversion évangélique. "Abba!" est le cri de la nouvelle naissance. On accède au Royaume de Dieu en disant le Nom que seuls les petits savent et osent dire.

Le Nom et le Règne! Telles sont les deux grandes réalités qui dominent la prière de Jésus: « Que ton Règne soit sanctifié; que ton Règne vienne ». Cette double intention appartenait à la liturgie juive. La sanctification du Nom et la venue du

Règne faisaient l'objet de la prière qui terminait l'office synagogal, le Qaddish: « Que soit magnifié et sanctifié sont grand Nom dans le monde qu'il a créé selon sa volonté; et qu'il établisse son Règne de notre vivant et de nos jours... » Jésus reprend dans sa prière ces deux grandes demandes.

On ne peut manquer d'être frappé par le contraste qui existe entre l'évocation de ces deux réalités surhumaines, le Nom et le Règne, et l'invocation initiale, toute familière, "Abba!". Jésus a osé ce rapprochement inattendu et proprement inouï entre le cri du petit enfant et la transcendance du Nom et du Règne. Ce faisant, il a projeté sur cette transcendance une clarté jusqu'alors inconnue. La conscience filiale est la clairière où le Nom et le Règne viennent à la lumière. En elle s'accomplissent la sanctification du Nom et la venue du Règne: dans la proximité nouvelle de Dieu, que Jésus apporte au monde et qui s'exprime tout entière dans l'invocation "Abba!".

Ce n'est donc pas seulement une formule de ralliement que Jésus donne ici à ses disciples. En leur accordant le pouvoir de dire eux-mêmes "Abba!", il les invite à le rejoindre dans son expérience filiale, à entrer dans l'intimité du Père.

Éloi Leclerc, Le Royaume caché, pages 164-165.

Ne pas pervertir le Notre Père

Pauvre "Notre Père" ! Que de fois on l'a marmonné dans des assemblées chrétiennes assoupies. Que de fois on en a fait une "petite prière" pour présenter à Dieu quelque demande étriquée: « On va dire un Notre Père pour qu'il fasse beau demain » ou « pour être reçu à l'examen » ! Que de fois on l'a "utilisé" comme une sorte de passe-partout de la prière, comme une monnaie pour boîte à sous céleste.

Il ne faut pas pervertir le Notre Père. Il n'est pas "utilisable" pour parler à Dieu d'autre chose. C'est une prière qui déborde et qui gronde en nous comme un volcan.

La prière de Jésus nous fait approcher des forces les plus prodigieuses. Si nous nous aventurions dans le Notre Père, une fois, en y risquant notre vie, elle en serait à jamais bouleversée. Peut-être que nous n'oserions jamais redire à nouveau ces formules de feu, mais elles ne cesseraient plus de féconder tous les versants de nos vies.

Il faut mesurer l'ampleur de notre audace. D'abord "parler" à Dieu et lui dire: "Notre Père"... Comme cela, tout simplement, avec cette assurance que seul pouvait avoir Jésus, « de ces lèvres de tendresse » (Péguy). Entrer chez Dieu comme chez soi, à la maison. Et parler à Dieu ensemble, comme si nous étions frères, alors que si souvent on prie comme si l'on était installé à son compte! Dire du fond de nous-mêmes: "Notre Père", vous imaginez?

Et puis la phrase qui suit: « Que ton règne vienne ». Jésus et les premiers chrétiens l'attendaient, comme une irruption, comme une déflagration de Dieu, comme une naissance unique, après les larmes, les angoisses et les transes. Plus tard, on a mis dans ce vin de fête l'eau de l'existence banale, on a fait des commentaires, on a accommodé. Mais la parole est là, brûlante: « Que ton règne vienne ». Après la domination de l'argent, de la puissance, de la violence, la nouvelle terre, celle de l'amour, la ville de Dieu.

Si « la lourde flotte des Pater » (Péguy), depuis vingt siècles, semble souvent poursuivre une navigation distraite, que de fois l'étrave s'est tournée vers la haute mer, dans les tempêtes humaines, au vent de Dieu. Le Notre Père est une prière de grand large parce qu'il pressent, annonce, attend et cherche une autre rive.

Père

Jésus te donnait un nom de tendresse. Il murmurait les premières syllabes de l'enfant qui tend les bras vers son Père: "abba... abba..." Aujourd'hui, dans notre français, faudrait-il t'appeler "Papa"? Aucun traducteur ne l'a jamais osé. On continue de te dire: "Père", avec une réserve qui semble creuser la distance.

Les mots sont pétris d'attitudes et de regards. Quand Jésus balbutiait : "papa", il inventait un cœur à cœur, une liberté, une joie inconnue. Le rapport des hommes avec toi se transformait soudain. Nous n'avons pas été capables de continuer le chemin en fredonnant "papa". Nous en sommes toujours aux raideurs et aux politesses.

Dis, faut-il se risquer aux jours de soleil, aux heures laborieuses, aux nuit de tristesse, à chuchoter: "papa"?

Ce que disait Jésus sur la prière

Dans les évangiles, les premiers chrétiens, en racontant la vie de Jésus de Nazareth, témoignent de leur foi au Christ Ressuscité. Pour guider leur prière communautaire, ils ont repris et adapté à la situation nouvelle créée par Pâques les orientations et les conseils donnés par Jésus au cours de sa prédication.

Jésus sait que l'on se fatigue de prier. Quand on n'est pas exaucé, semble-t-il. Quand on en vient à douter de Dieu lui-même. Le temps passe, rien ne change, faut-il encore prier? Beaucoup se découragent à l'époque où Luc écrit son évangile. On avait dit que Jésus reviendrait bientôt pour juger le monde et inaugurer le Royaume. L'attente semblait vaine. La question était dans beaucoup de coeurs: « Dieu ne ferait-il pas justice à ses élus qui crient vers lui jour et nuit? Est-ce qu'il les fait attendre? » (Luc 18,7). La question qui termine ce paragraphe montre combien l'attente était usante: « Le Fils de l'Homme, quand il viendra, trouvera-t-il la foi sur la terre »? (Luc 18,8).

Prier sans cesse, sans se décourager

On aime alors rappeler la parabole que Jésus racontait. Un juge inique, sans foi ni loi, refusait de prendre en considération la plainte d'une veuve. Mais elle insistait avec opiniâtreté. « Longtemps, le juge refusa; puis il se dit: je ne respecte pas Dieu, je me moque des hommes, mais cette femme commence à m'ennuyer: je vais lui rendre justice pour qu'elle ne vienne plus sans cesse me casser la tête » (Luc 18,4-5). Et Jésus de conclure que Dieu « fera justice bien vite » (Luc 18,8). Il ne faudrait pas croire que Jésus dans cette parabole compare Dieu au juge. Ce qui est comparable, c'est la persévérance de la veuve et de ceux qui prient.

Mais Jésus sait aussi jouer des mots, faire des allusions significatives. Exemple: le juge va "rendre justice" à la veuve alors que Dieu « fera justice pour les élus qui crient vers lui ». Attention à ne pas faire erreur. Le mot hébreu traduit en français par "justice" déborde infiniment ce que nous mettons sous ce terme. Notre mot "justice" est non seulement insuffisant, mais souvent trompeur. Le mot hébreu signifie « la valeur suprême de la vie, le fondement sur lequel repose l'existence tout entière ». Aucune idée de litige, d'arbitrage ou de répression: il s'agit d'accomplissement, de perfection, d'épanouissement. Il s'agit de la plénitude de la vie, de la splendeur des accomplissements, du monde transfiguré qu'il faut recevoir de Dieu.

Le sens global de la parabole est clair: il faut prier obstinément, comme cette femme affrontée à un magistrat qui laissait traîner une affaire. Malgré ses refus réitérés, il va tout de même intervenir. Si un juge "injuste" finit par rendre justice, à combien plus forte raison peut-on être assuré que Dieu, le "juste" Juge écoutera la prière de ceux qui crient vers Lui.

Tout le mouvement de la parabole prépare cet instant où l'auditeur va s'émerveiller du contraste: si la ténacité de cette femme lui permet d'obtenir justice d'un juge inique, c'est bien autre chose quand la prière persévérante s'adresse à Celui dont la Bible dit qu'il protège "la veuve" et qu'il crée toute justice. Ceux qui n'auront pas cessé d'appeler l'univers nouveau, par leur prière et par leur vie, Dieu en fera des justes, des citoyens de son Royaume.

Pourquoi Jésus avait-il raconté cette parabole? Luc l'exprime clairement en l'introduisant. « Jésus dit une parabole sur la nécessité pour eux de prier constamment et de ne pas se décourager » (Luc 18,1). Saint Paul le répétera bien des fois: il faut « toujours prier », « ne pas se décourager ». Celui qui prie est donc averti: il va affronter le découragement, il devra durer, s'efforcer de prier constamment.

Prier avec une audace intempestive

Luc vient de présenter la prière donnée par Jésus: « Quand vous priez, dites: "Père" », et il enchaîne immédiatement sur une parabole. « Jésus leur dit encore... » Le lien entre les deux textes est évident.

Le second veut piquer l'attention de l'auditoire:

« Si l'un de vous a un ami et qu'il aille le trouver au milieu de la nuit pour lui dire: "Mon ami, prête-moi trois pains parce que l'un de mes amis m'est arrivé et je n'ai rien à lui offrir", et si l'autre, de l'intérieur lui répond: "Ne m'ennuie pas! Maintenant, la porte est fermée; mes enfants et moi nous sommes couchés; je ne puis me lever pour te donner du pain", je vous le déclare: même s'il ne se lève pas pour lui en donner parce qu'il est son ami, eh bien, parce que l'autre est sans vergogne, il se lèvera pour lui donner ce qu'il lui faut » (Luc 11,5-8).

Quelle conclusion inattendue !

Comme toujours, la parabole provoque la réflexion. Elle invite à aller plus loin. Ici, Jésus invite à prier fort, jusque dans la nuit, comme celui qui ose déranger. Comme dans la parabole du juge injuste, l'insistance est sur l'audace intempestive de la prière.

Luc est le seul à présenter cette parabole de nuit et d'insistance. Il est significatif qu'il la place dans la suite immédiate du Pater. C'est parce que Dieu est Père qu'il est possible de s'adresser à lui obstinément, en toutes circonstances, avec une absolue confiance.

Puisque la prière doit se faire insistante, pas étonnant qu'on lise ensuite dans Luc: « Demandez, on vous donnera; cherchez, vous trouverez; frappez, on vous ouvrira ». En réalité, dans le texte grec, il est écrit: « Demandez et il vous sera donné... frappez et il vous sera ouvert ». Ces formules passives impersonnelles étaient souvent employées dans le langage religieux de l'époque pour éviter de nommer le Très-Haut, par respect. Ces formules voilées signifient: « Dieu vous donnera... Dieu vous ouvrira ».

Prier pour recevoir l'Esprit

Les phrases qui suivent jouent à nouveau de l'appellation "Père". Si les pères de la terre savent donner de bonnes choses à leurs enfants, « combien plus le Père céleste donnera-t-il l'Esprit Saint à ceux qui le lui demandent » (Luc 11,13). Dans le passage de l'évangile de Matthieu qui rapporte ces paroles de Jésus, la finale est différente: « Combien plus votre Père qui est aux cieux donnera-t-il de bonnes choses à ceux qui le lui demandent » (Matthieu 7,13). La modification est d'importance. Le meilleur des dons par lequel Dieu exauce la prière insistante, c'est l'Esprit. Dans les Actes des Apôtres dont il est aussi l'auteur, Luc montre plusieurs fois que l'Esprit est donné à la communauté en prière. Ici, c'est sur les lèvres mêmes de Jésus qu'il trouve ce lien entre prière et don de l'Esprit.

Prier ensemble au nom de Jésus

À noter au passage l'importance de la prière de demande: le terme grec que l'on traduit par "prier" est accompagné par d'autres verbes qui signifient "demander, solliciter, supplier"... Jésus affirme, sans condition, que la prière est toujours efficace: « Quiconque demande reçoit ». Parfois, il précise qu'il faut prier « en son nom » (Jean 14,13; 15,16). Dans l'accord des frères réunis en son nom, la prière trouve son efficacité plénière, sur la terre comme au ciel et suscite la présence même de Jésus: « Je vous le déclare, si deux d'entre vous sur la terre se mettent d'accord pour demander quoi que ce soit, cela leur sera accordé par mon Père qui est aux cieux. Car, là où deux ou trois sont réunis en mon nom, je suis au milieu d'eux » (Matthieu, 18,19-20). Dans l'évangile de Jean, c'est Jésus lui-même qui répond à la prière: « Tout ce que vous demanderez en mon nom je le ferai, de sorte que le Père soit glorifié dans le

Fils » (Jean 14,13). La demande exaucée manifeste la gloire du Père dans le Fils. Le contexte immédiat est celui des "œuvres" réalisées par Jésus et que continuera celui qui a foi en lui : « il en fera même de plus grandes, parce que je vais au Père » (Jean 14,12). Il s'agit d'observer les commandements de Jésus, d'accueillir l'Esprit, de porter du fruit. À ceux qu'il appelle non plus "serviteurs" mais "amis" parce qu'il leur a fait connaître tout ce qu'il a « entendu auprès de son Père », Jésus affirme : « c'est moi qui vous ai choisis et institués pour que vous alliez, que vous portiez du fruit et que votre fruit demeure: si bien que tout ce que vous demanderez en mon nom, il vous l'accordera ». Enfin il précise : « ce que je vous commande, c'est de vous aimer les uns les autres » (Jean 15,15-17).

L'accord des disciples, la demande faite au nom de Jésus, sont-elles des conditions requises pour l'efficacité de la prière ? En réalité, c'est parce que Dieu est Père qu'il répond à la demande de ses enfants, en leur donnant de "bonnes choses", l'Esprit. Si la prière doit remplir certaines conditions, ce n'est pas pour conduire Dieu à l'exaucer, mais pour transformer celui qui prie et sa prière elle-même.

Prier pour s'accorder à la volonté du Père

Efficacité toujours affirmée de la prière, comme s'il suffisait de se tourner vers Dieu pour être exaucé ? En fait, Jésus lui-même a connu la prière qui, semble-t-il, n'aboutit à rien. À Gethsémani, « s'étant mis à genoux, il priait: Père, si tu veux écarter cette coupe... Pourtant, que ce ne soit pas ma volonté mais la tienne qui se réalise » (Luc 22,42). Jésus a connu le silence de Dieu. Sur la croix, il cria d'une voix forte: « Mon Dieu, mon Dieu, pourquoi m'as-tu abandonné? » (Marc 15,34).

Mais il avait aussi accompli sa demande, pour l'accorder à la "volonté du Père". Il reprend la demande du Pater: l'orientation première de sa vie et de sa prière sont là, antérieures, prioritaires, définitives. C'est la venue du Royaume qui accorde la prière à la volonté du Père. C'est en appelant activement son avènement qu'on peut s'adresser à Dieu "au nom" de Jésus. Les prières de demande ont à s'inscrire dans cette prière plus globale qui concerne le tout de l'homme, l'humanité entière, le don de Dieu. Jésus lui-même avait annoncé sa mort: il savait que la fidélité à sa mission le conduirait à subir le sort de beaucoup de prophètes... À l'approche de l'heure cruelle, il s'en remettait à son Père, après avoir exprimé le vœu d'échapper à la souffrance. Mais il reprend tout de suite, dans l'obscurité, le chemin du Royaume de don et de pardon auquel il n'avait pas cessé d'inviter en actes et en paroles. Lui qui avait demandé d'étendre le pardon jusqu'aux ennemis, il murmura dans une dernière prière, en regardant ses bourreaux: « Père, pardonne-leur car ils ne savent ce qu'ils font » (Luc 23,34). De nouveau, il est totalement donné à l'annonce vivante du Royaume de paix et d'amour.

Prier pour rendre grâces

À première vue, l'action de grâces ne tient pas beaucoup de place dans les évangiles. Jésus prononce l'action de grâces que tout juif prononçait lors des repas, lorsqu'il multiplie les pains et à la Cène du Jeudi Saint. « Il prononça la bénédiction » (Marc 6,41; 8,6; Matthieu 26,6; Luc 22, 17).

Le récit de la Cène et de l'institution de l'eucharistie présente une action de grâces, mais ce qui semble la nouveauté essentielle introduite dans ce repas sacré par Jésus, c'est l'unité et le partage auquel il appelle tous ceux pour lesquels il offre sa vie.

Mais on rencontre dans les évangiles (Matthieu 11,25-26 et Luc 10,21) une action de grâces très significative. Dans le récit de Luc, les soixante-douze disciples reviennent joyeux de leur mission. « À l'instant même, Jésus exulta sous l'action de l'Esprit et dit: Je te loue, Père, Seigneur du ciel et de la terre, d'avoir caché cela aux sages et aux intelligents, et de l'avoir révélé aux tout petits. Oui, Père, c'est ainsi que tu en as disposé dans ta bienveillance ». La mission avait été bien accueillie par les pauvres, les exclus, le petit peuple, alors que les notables et les doctes demeuraient massivement opposés. Une fois de plus, Jésus est une pierre d'achoppement et on se divise à son sujet. Pourquoi louer Dieu « d'avoir caché cela aux sages et aux intelligents »? Faut-il se réjouir de leur aveuglement et de leur crispation? En réalité, par cette formule paradoxale, Jésus constate que son message est à l'œuvre et le fait qu'il entraîne des réactions opposées est le signe même qu'il est actif et conduit les hommes à prendre parti.

C'est l'œuvre de Dieu qui s'accomplit ainsi et Jésus rend grâces. D'emblée, l'action de grâces va beaucoup plus loin que tel ou tel bienfait particulier reçu par un individu ou un groupe de personnes: il s'agit de l'initiative de Dieu vers l'humanité qui est en train de s'accomplir. C'est l'horizon même de la venue du Règne, de l'accueil et de la volonté du Père. À travers les livres saints d'Israël, l'action de grâces avait cette ampleur: on remerciait Dieu pour ses hauts faits dans l'histoire du peuple et on annonçait ses actes à venir. Jésus et ses disciples continueront de se situer dans cette coulée de louange qui envisage d'abord et principalement les rencontres de Dieu et de son peuple, l'histoire sainte.

Parmi les disciples de Jésus, dans les lettres de saint Paul tout particulièrement, on verra que l'action de grâces est souvent la première expression de la prière. Demandes et remerciements sont liés dans l'attitude de celui qui se comporte en enfant devant le Père, "Abba": conscient de sa fragilité, il demande l'aide de Dieu comme tant d'autres avant lui et il continue, ainsi que tous les témoins du passé, à remercier le Père qui sans cesse relève l'humanité et l'appelle à marcher en lui donnant l'Esprit.

L'action de grâces n'est donc pas un "moment" de la prière qui interviendrait après avoir vu exaucer une demande. Elle englobe toute la prière, toute la relation à Dieu, elle est l'essentiel de l'attitude de Jésus et des chrétiens qui s'exprime dès le balbutiement premier: "Abba".

Prier pour agir

On a reproché parfois à ceux qui prient d'attendre passivement que Dieu vienne à leur secours et de céder à un certain fatalisme, comme si "c'était écrit". Rien de semblable dans l'attitude de Jésus. Sa prière est étroitement liée à tout ce qu'il fait: elle est la respiration intérieure de son action. C'est après de longues journées passées avec les foules à parler, à faire des miracles, à se prêter aux discussions, qu'il trouve le temps de s'enfuir dans la solitude, au secret de la nuit, pour prier.

C'est à la veille des décisions importantes ou à la suite d'événements significatifs qu'il va vers son Père dans le silence. Comme si ces temps de retrait étaient la face cachée et discrète de tout ce qu'il fait au grand jour. Chez lui, la prière et l'action se nourrissent l'une l'autre, sont une seule démarche.

Quand il énonce, à la demande des disciples, une prière qu'ils pourront reprendre, elle est tout entière soulevée par le dynamisme de l'oeuvre à accomplir. Aucun repli sur soi, aucune démission, aucun oubli du drame quotidien du monde, dans cette prière tendue vers les accomplissements (le Règne du Père, sa Volonté), baignée de la nouveauté infinie et radicale de l'amour (le pardon), appuyée sur le Père qui fait de ses enfants des hommes libres et responsables. Eux aussi seront sans cesse renvoyés de la prière vers l'action et de l'action vers la prière.

Paroles de Jésus, dans les évangiles, sur la prière

« *Dans vos prières, ne rabâchez pas comme les païens: ils s'imaginent qu'en parlant beaucoup ils se feront beaucoup mieux écouter. N'allez pas faire comme eux; car votre Père sait bien ce qu'il vous faut avant que vous le lui demandiez* » (Matthieu 6,7-8)

« *Ce n'est pas en me disant : "Seigneur, Seigneur", qu'on entrera dans le Royaume des Cieux, mais c'est en faisant la volonté de mon Père qui est dans les cieux* » (Matthieu 7,21).

« *Si deux d'entre vous, sur la terre, unissent leurs voix pour demander quoi que ce soit, cela leur sera accordé par mon Père qui est aux cieux. Que deux ou trois, en effet, soient réunis en mon nom, je suis là au milieu d'eux* » (Matthieu 18,19-20).

« *Demandez et l'on vous donnera; cherchez et vous trouverez; frappez et l'on vous ouvrira. Car quiconque demande reçoit; qui cherche trouve,et à qui frappe on ouvrira. Quel est d'entre vous le père auquel son fils demandera un poisson, et qui, à la place du poisson, lui remettra un serpent ?Ou encore s'il demande un oeuf, lui remettra-t-il un scorpion ? Si donc vous, qui êtes mauvais, vous savez donner de bonnes choses à vos enfants, combien plus le Père du ciel donnera-t-il l'Esprit Saint à ceux qui l'en prient!* » (Luc 11,9-13).

« *Si vous avez une foi qui n'hésite point, même si vous dites à cette montagne : "Soulève-toi et jette-toi dans la mer", cela se fera. Tout ce que vous demanderez dans une prière pleine de foi, vous l'obtiendrez.* » (Matthieu 21,21-22).

« *Abba! Tout t'est possible; éloigne de moi cette coupe; pourtant, pas ce que je veux, mais ce que tu veux !* » (Marc 14,36).

« *Jésus tressaillit sous l'action de l'Esprit Saint et dit: "Je te bénis, Père, Seigneur du ciel et de la terre, d'avoir caché cela aux sages et aux intelligents et de l'avoir révélé aux tout-petits. Oui, Père, tel est le choix de ton amour.* » (Marc 10,21).

« *Quand vous êtes debout en prière, si vous avez quelque chose contre quelqu'un, remettez-lui afin que votre Père qui est aux cieux vous remette aussi vos offenses* » (Marc 11,25).

« *Bénissez ceux qui vous maudissent, priez pour ceux qui vous maltraitent* » (Luc 6,35).

« *Mon Dieu, mon Dieu, pourquoi m'as-tu abandonné ?* » (Matthieu 27,46).

« *Père, en tes mains je remets mon esprit* » (Luc 23,46).

« *Dieu ne ferait-il pas justice à ses élus qui crient vers lui jour et nuit? Est-ce qu'il les fait attendre ?* » (Luc 18,7).

"Tout ce que vous demanderez en mon nom, je le ferai, de sorte que le Père soit glorifié dans le Fils" (Jean 14,12).

"Père, pardonne-leur car ils ne savent pas ce qu'ils font" (Luc 23,34).

Prier à l'école de Jésus

Prier est une attitude humaine commune à tous les grands courants religieux. Bouddha, Confucius, Moïse, Mahomet, Jésus ont prié. Mais la prière de Jésus est originale, unique; elle fait même éclater toutes les prières habituelles ou connues des autres traditions humaines et religieuses.

La prière chrétienne, même si elle s'habille souvent des mêmes atours, ne se confond avec aucune autre forme de prière. Le trésor de la prière chrétienne est à redécouvrir.

Jésus ne priait pas comme Bouddha

Jésus ne cherchait pas à fuir une existence vaine et à éteindre le désir. Aucune méditation sur la non-existence. Jésus priait comme le Fils, il donnait son importance au grain de sénevé, il ne se détournait pas du monde sensible et de la société: il voulait les transfigurer. La prière pour lui n'était pas évasion hors du temps et de ses cycles: elle héritait du passé de son peuple; elle était tendue vers l'avenir. Elle s'inscrivait dans une histoire.

Jésus ne priait pas comme les hindouistes. Pour lui, il n'y a pas de Mantra, de formule sacrée pour recevoir les énergies profondes du monde et en être transformé. Les paroles de Jésus dans la prière sont celles du langage quotidien. Pas de langue sacrée. Une grande sobriété. Quelqu'un parle à Quelqu'un.

Avec Confucius, avec Lao Tseu, la distance est considérable, car il s'agit plutôt d'humanisme, de connaissance, d'harmonie de la vie et de la cité chez ces grands initiateurs de la Chine antique. Jésus est aussi un homme intérieur mais il est un interlocuteur de Dieu.

Dans le foisonnement du continent africain, les hommes fréquentent sans cesse la divinité, les esprits, les ancêtres. Les rites précis jalonnent la vie. Les prières sont des implorations, des formules de réparation, des adorations. Pas de perspective entraînante vers l'avenir collectif. Pas d'histoire partagée avec Dieu.

Jésus ne priait pas comme Moïse

Le judaïsme, le christianisme et l'islam sont très différents des religions d'Asie ou d'Afrique. Trois originalités caractérisent ces religions où tous sont "fils d'Abraham":

1. pour les juifs, les chrétiens et les musulmans, Dieu a parlé à Abraham, à Moïse, aux prophètes. Dieu est intervenu.
2. le monde a commencé, il n'est pas éternel.
3. le monde créé n'est pas un monde illusoire. Il est l'œuvre de Dieu qui associe les hommes à son histoire.

L'homme particulièrement dans la prière, parle aussi à Dieu. Ces religions ne sont pas des religions de la nature où les fêtes célèbrent les rythmes des saisons qui sans cesse reviennent. Ce sont des religions de l'histoire qui fêtent les grandes interventions de Dieu. Exemple: Pâques, depuis

Moïse, ne fête plus la transhumance des troupeaux au printemps, mais la libération et le départ des Hébreux vers la Terre promise. Jésus continue la prière de Moïse et de son peuple. Mais il la simplifie, il l'intériorise, il la relie étroitement à la pratique de l'amour, d'un amour qui s'étend jusqu'aux ennemis et qui va jusqu'au pardon, il l'oriente vers un Royaume de Dieu que l'on accueille par le don de soi jusqu'au sacrifice. Jésus ne prie pas comme Moïse: il refuse les sacrifices sanglants, il ne fait pas un absolu du culte, des lieux et des heures de prières, il voit beaucoup plus loin que son propre peuple et que son avenir politique et social. Enfin sa prière est toute colorée par l'appellation affectueuse: Abba, Papa!

Jésus ne priait pas comme Mahomet

Jésus ne prie pas comme Mahomet. La prière musulmane est très codifiée, chaque jour: heures, orientation vers la Mecque. Elle est fixée sur une vérité éternelle à professer: « Dieu est unique », plus que sur une histoire à réaliser avec Lui. L'attitude majeure est la soumission. Jésus, lui, ne précise pas les lieux, les heures, les attitudes. Il appelle à une prière de fils, d'hommes debout devant leur Père. Cette prière est soulevée par l'espérance et l'attente du Royaume, du monde nouveau de Dieu à accueillir et à construire dans l'histoire.

La prière selon Jésus est précise

On constate de nos jours que des chrétiens éprouvent un véritable engouement pour des textes de prières venus des horizons les plus variés. Goût du nouveau, du lointain, découverte œcuménique des chemins des autres, joie de partager les mêmes formules par-delà les distances culturelles? En réalité, des attitudes fondamentales de prière, telles que la louange, l'adoration, la demande peuvent être rencontrées partout, même dans des voies de vie apparemment peu "religieuses". Pas étonnant que ces attitudes communes s'expriment en des langages accessibles à tous, vrais chefs d'œuvre quand ils émanent de mystiques et de poètes.

Heureux les chrétiens qui prient avec des textes d'autres religions, mais il est souhaitable qu'ils n'ignorent pas leur propre trésor, en particulier les Psaumes qui ont accompagné le peuple juif et la vie de Jésus. Puissent-ils enfin avoir découvert que la prière de Jésus est très au-delà de ce fond commun de prière. Pourquoi ne le voit-on pas? Peut-être parce qu'on reste à distance: Jésus bouleverse tout, même la prière. Avec lui, impossible de séparer la prière de l'action. Toute prière selon Jésus engage à le suivre et à risquer sa vie pour lui. Oui, il est dangereux de prier car Jésus va nous entraîner bien loin et faire de nous, dès aujourd'hui, les hommes du monde nouveau.

Tout au long de l'histoire, les chrétiens seront tentés de revenir vers les poussées spontanées de la prière, individuelle et collective. Ils auront toujours à "convertir" leur prière et à se remettre à l'école de Jésus.

La prière de Jésus fait éclater toute prière

Elle déborde la demande individuelle: il s'agit de transformer toute l'humanité. Elle déborde notre aujourd'hui:

elle nous fait vivre dans l'immense histoire du monde qui va vers son accomplissement. Elle déborde les peurs et les ignorances qui ont si souvent suscité la prière: elle nous accorde au projet de Dieu sur l'univers et les hommes. Elle déborde les appartenances closes aux groupes humains: elle nous fait regarder vers une humanité réconciliée, celle des enfants du même Père, capables d'aimer même ses ennemis. Elle déborde toute méthode, toute technique: elle est esprit et dynamique. Elle déborde la "vie intérieure" et la "vie spirituelle": elle prend toute la vie. Elle déborde nos faiblesses, nos fragilités, notre péché: elle porte le pardon de Dieu qui toujours fait renaître, elle affirme qu'en elle l'Esprit lui-même gémit, présent et efficace. Elle déborde même nos générosités et nos ambitions les plus nobles: elle nous fait entrer parfois sur la route de la passion aimante et sanglante, dans "la volonté de Dieu".

La prière chrétienne n'aura jamais fini d'être dilatée par la prière de Jésus.

La prière chrétienne est celle de l'Esprit

La prière chrétienne est "reçue". Reçue de l'Esprit qui avait fait « exulter Jésus » (Luc 10,21). Saint Paul l'a exprimé clairement, en écho de ce que vivaient les premiers chrétiens: « Vous n'avez pas reçu un Esprit qui vous rende esclaves et vous ramène à la peur, mais un Esprit qui fait de vous des fils adoptifs et par lequel nous crions: "Abba", Père. », « Cet Esprit lui-même atteste à notre esprit que nous sommes enfants de Dieu... L'Esprit vient au secours de notre faiblesse, car nous ne savons pas prier comme il faut; mais l'Esprit lui-même intercède pour nous en gémissements ineffables et Celui qui scrute les reins et les cœurs sait quelle est l'intention de l'Esprit » (Romains 8,5-16,26-27). Prier, pour les chrétiens, c'est se prêter à l'Esprit, se laisser envahir par Lui et entraîner dans son dynamisme. En sachant que l'Esprit déborde toutes nos capacités, y compris de connaissance.

Une prière filiale qui engage

Elle dit "Papa" devant le mystère obscur de l'univers, de notre finitude, du mal du monde et des aspirations qui travaillent l'humanité. Nous avons appris de Jésus ces syllabes de tendresse. Les chrétiens se tiennent debout devant leur Père, dans l'attitude des fils. C'est devant ce Père commun qu'ils découvrent à quel point ils sont frères. Ils savent que leur Dieu n'est pas éloigné dans une transcendance inaccessible, qu'on ne va pas vers lui en se niant soi-même, mais que l'essentiel est énoncé en lui disant "Papa", fils avec le Fils. La prière chrétienne fait expérimenter qui est Dieu pour les hommes, qui sont les hommes pour Dieu, qui sont les hommes les uns pour les autres.

À ce Père auquel ils s'adressent si familièrement, les disciples de Jésus disent: « Que ton Règne vienne » suivant l'appel du Royaume, le souhait et la volonté de Dieu qui veut conduire l'humanité vers son accomplissement, le désir de voir le Nom c'est-à-dire Dieu lui-même et son amour répandre leur fécondité. Ces trois demandes qui n'en sont qu'une dominent de leur lumière toute prière chrétienne. Elles ne sont pas seulement imploration: « Il ne suffit pas de me dire: Seigneur, Seigneur! il faut faire la volonté de mon Père qui est aux cieux » (Matthieu 6,21). Elles mobilisent. Elles poussent à l'action et l'accompagnent. Toute requête individuelle ou de détail trouvera place à l'intérieur de cette perspective qui englobe tous les hommes et toute l'histoire du monde. Quand il regarde vers les besoins de nourriture et de vêtement, Jésus déclare: « Cherchez d'abord le Royaume de Dieu et sa justice, et tout cela vous sera donné par surcroît » (Matthieu 6,33). Être uni à Dieu comme un fils avec son Père, dans l'accueil de l'Esprit, c'est chercher l'accomplissement final de l'œuvre de Dieu.

Quelle ambition sur l'homme, quel élargissement de sa prière spontanée, quelle révélation de Dieu dans la démarche de Jésus qu'il nous donne de partager! Aura-t-on jamais fini de découvrir, vitalement, l'originalité de la prière chrétienne, parmi toutes les attitudes et formules de prière qui ont fleuri dans toutes les religions du monde?

« La ferme révolution »

En récitant jadis l'Acte de contrition, on murmurait : « Je prends la ferme résolution, avec votre sainte grâce, de ne plus vous offenser et de faire pénitence »...

Un petit garçon disait un jour, à travers la grille obscure, avec une conviction très appliquée: « je prends la ferme RÉVOLUTION, avec votre sainte grâce, etc ». Il apportait une modification magistrale à la formule finale de la confession. Sans qu'il s'en rende compte, ce petit précisait l'une des originalités de la prière selon Jésus: "une ferme RÉVOLUTION"!

La prière chrétienne doit changer la vie, sinon elle ne serait qu'une illusion. Jésus nous en a prévenus en des termes brutaux: « Ce ne sont pas ceux qui disent: "Seigneur, Seigneur", qui entreront dans le Royaume des cieux, mais ceux qui font la volonté de mon Père ». La prière n'est pas cette marge de l'existence où l'on quêterait la faveur, ou la pitié de Dieu, par son intervention magique au secours de nos faiblesses ou même de nos démissions: la prière est sel et ferment de vie, lumière au cœur de nos responsabilités, énergie. Quand nos grand-mères disaient: « travailler, c'est prier », elles exprimaient cette unité de la vie évangélique qui ne sépare jamais le regard vers Dieu et le souci des hommes.

On a pu accuser la prière de détourner les aspirations des hommes vers les cieux, alors que la terre sollicite toutes leurs forces. Jésus connaissait ce risque mortel. Il l'a dénoncé avec une violence choquante. Nous sommes tellement habitués à entendre ces paroles qu'elles ont perdu pour nous leur force dénonciatrice. La vraie prière dans l'esprit de Jésus est toujours une prière responsable: elle est le ressort des engagements décisifs.

Celui qui a dit le soir son Notre Père peut dormir tranquille. Croyez-vous que je vais m'amuser à faire des misères à ces pauvres enfants?

Suis-je pas leur père?

Et que je vais m'amuser à leur faire des surprises comme on en fait à la guerre?

Est-ce que je leur fais la guerre?

Oui, je leur fais la guerre, mais on sait bien pourquoi. C'est pour les empêcher de perdre la bataille.

Je suis un honnête homme, dit Dieu.

Croyez-vous que je vais m'amuser à les prendre dans leur sommeil comme un homme de guerre prend son ennemi?

(Charles Péguy,
Le Mystère des saints innocents, Gallimard)

« Que ton règne... »

Tu nous a dit de répéter au « Père qui es aux cieux »: « Que ton règne... » Vertigineuse attraction: et les règnes de la terre, et l'ordre des sociétés, et l'équilibre des nations, que deviendront-ils? Ne vont-ils pas se fissurer? Et mon existence prudente, ne va-t-elle pas exploser?

« Que ton règne... »: tu déplaces, tu renverses, tu volatilises les bornes. Nous ne savons plus où se dressent les murs rassurants de l'impossible. Tu fais fuir sans cesse l'horizon au-delà de l'horizon. Jusqu'où devant nos yeux ouvriras-tu des mers nouvelles?

Impossible de dire ta prière avec des lèvres distraites, de murmurer ces mots sans qu'ils nous embarquent tout entiers. Autrefois, je disais un Pater à telle intention, je ne prêtais guère attention à ces paroles si souvent reprises. Mais aujourd'hui je m'arrête, de peur de m'exposer à ce vent de grand large, toutes amarres rompues.

En quatre mots, contester tous les règnes, ceux de l'argent, de la violence, du mépris, qui te blessent sur le visage de tant de pauvres, ceux de l'égoïsme, de la médiocrité, des petitesses qui entravent ton Esprit en moi et au cœur de tant d'hommes, quelle démesure divine!

Oserai-je aller jusqu'au bout de la redoutable formule, appeler le monde nouveau, mobiliser tout mon être pour le faire advenir, rêver en chacun de mes gestes de la ville lumineuse à construire et à accueillir, et me glisser dans la foule invisible, innombrable, de tous ceux qui te suivent et cherchent l'étrange Royaume?

POUR TRAVAILLER CE CARNET

Une lecture de ce Carnet de Fêtes et Saisons, fait découvrir que la prière telle que Jésus la vivait et l'orientait dérange les habitudes et met en question beaucoup de pratiques. On a parfois tendance, particulièrement à l'heure actuelle, à considérer que la prière est une seule et même démarche, qu'elle soit vécue par des musulmans, des bouddhistes, des hindouistes ou des priants d'autres religions. On la comprend comme une élévation vers Dieu, un retour sur soi, une entrée dans le silence: en fait, bien souvent, c'est une attitude assez floue qui est ainsi désignée.

On aura peut-être été surpris à la lecture du Carnet. C'est que la prière dans les évangiles est une réalité originale et précise. La confrontation de notre pratique de prière à celle de Jésus conduit vers une meilleure connaissance de ce qu'est réellement la prière chrétienne. On est amené ensuite à s'interroger sur ce qu'est la vie à la suite de Jésus.

Dans un groupe de chrétiens, ce Carnet peut être une occasion d'échanger sur la façon de prier des uns et des autres et d'en vérifier la qualité «chrétienne». En réfléchissant ensemble sur la manière de prier comme Jésus et avec Jésus, on redécouvre qui est Dieu, qui sont les hommes en relation avec Lui et qui sont les hommes les uns pour les autres.

Voici quelques suggestions pour une rencontre sur la prière chrétienne à partir de ce Carnet de Fêtes & Saisons.

En vue de la rencontre

. Chacun des participants, avant la rencontre, essaie d'observer la manière dont il prie. Pour cela, il peut s'aider des questions suivantes:

> Je prie en quelles occasions? à quels moments de la journée, de la semaine? en quels endroits? dans quelles conditions?

quelles sont mes attitudes? quelles sont mes intentions de prière? Si j'avais à définir la prière chrétienne, par exemple dans une conversation avec des incroyants, que pourrais-je exprimer?

. Toujours dans ce temps de préparation à la rencontre, chacun relit ce carnet de Fêtes et Saisons. Il souligne tous les passages qui sont inattendus pour lui, qui le surprennent, qui mettent en question sa pratique de la prière. Il peut aussi noter ses réactions par rapport au contenu du Carnet, les interrogations qui se lèvent en lui. Il peut cocher les phrases sur lesquelles il désire plus particulièrement échanger avec d'autres, lors de la réunion.

. En quelques phrases, il résume ce que la lecture du Carnet lui a apporté pour rendre sa prière plus «chrétienne».

Lors de la rencontre

. Commencer par un temps de silence afin de se recueillir, d'accueillir en soi l'Esprit. Conclure ce premier temps par un chant (ex : « Donne-nous, Seigneur, un coeur nouveau, mets en nous, Seigneur, un esprit nouveau »).

. On peut ensuite:
- soit lire ce que chacun a écrit pour définir la prière chrétienne, et échanger quand tous se seront exprimés;
- soit, si les participants au groupe se connaissent bien, lire ce que chacun a écrit sur les questions proposées dans le temps de préparation, et échanger à partir de ces réflexions.

. L'important, en conclusion, est de préciser ensemble en quoi la pratique et les conseils de Jésus à propos de la prière conduisent à élargir nos horizons, à renouveler non seulement notre prière, mais toute notre manière d'envisager Dieu, les autres, notre propre vie.

. Terminer en laissant chacun, s'il le désire, improviser sa prière, avant de reprendre tous ensemble, lentement, le "Notre Père".

POUR EN SAVOIR DAVANTAGE

Livres

- Ch.-A. Bernard, *La prière chrétienne*, Desclée de Brouwer.
- Léonardo Boff, *le Notre Père*, Cerf, 174 p.
- Carlo Carretto, *Mon Père, je m'abandonne à toi*, Collection Foi Vivante, Cerf, 156 p.
- Marcello de Carvalho Azevedo, *Prière dans la vie*, Centurion, 302 p. (particulièrement les 2e et 3e parties: "Aspects de la prière chrétienne dans les quatre évangiles" et "La prière de Jésus et la prière chrétienne", pages 75 à 179).
- Adalbert Hamman, *Abrégé de la prière chrétienne*, Desclée, 236 p.
- Joachim Jérémias, *Paroles de Jésus - Le message central du Nouveau Testament*, Collection Foi Vivante, Cerf, 218 p.
- Witold Marchel, *Dieu Père dans le Nouveau Testament*, Cerf, 144 p.
- Louis Monloubou, *La prière selon saint Luc*, Collection Lectio Divina, Cerf, 248 p.
- Ignace de la Potterie, *La prière de Jésus*, Desclée, 152 p.

Revues

- "Prier"
- "Fêtes & Saisons" n°394, *Le "Notre Père"*
- "Concilium" n° 229, *Demander et rendre grâce*, Beauchesne, 134 p.
- Les "Dossiers de la Bible" n°16, *La prière*, Cerf.

TABLE DES MATIÈRES

Impression : Bussière, St-Amand (Cher). – (1014-IV-1994)
N° d'édit. : 9886. D.L. : mai 1994.